AF263363

Prix : Cinquante centimes.

LETTRES
RÉPUBLICAINES

CONSEILS A MON PAYS

PAR UN ANCIEN HOMME D'ÉTAT

Patriæ ac libertati fidelis.

PREMIÈRE LETTRE

PARIS

GARNIER FRÈRES, LIBRAIRES-ÉDITEURS,

6, RUE DES SAINTS-PÈRES, ET PALAIS ROYAL, 215.

1871

LETTRES
RÉPUBLICAINES

PREMIÈRE LETTRE.

LETTRES

RÉPUBLICAINES

PREMIÈRE LETTRE.

J'ai beaucoup vécu, ô mes concitoyens ; j'ai beaucoup médité ; j'ai assisté à l'écroulement de plusieurs trônes ; j'ai vu des dynasties surgir au milieu des tempêtes ; quelques-unes sont tombées et se sont relevées, parce qu'elles n'étaient pas mûres pour la chute et qu'il y a des lois morales dont les volontés humaines ne peuvent devancer les effets ; d'autres sont mortes, qui ne se relèveront jamais dans la poussière du sépulcre ; j'ai étudié et pratiqué les hommes de mon temps ; j'ai été mêlé à toutes leurs luttes : au Pouvoir, à la Tribune, dans la Presse ; j'ai joué un rôle actif dans ces conflits de principes et d'intérêts, qu'on appelle la Politique. Aujourd'hui, je vis dans la retraite ; j'observe, je juge et je conseille : triple rôle dont la responsabilité ne m'effraie pas, par ce qu'à l'égal de la liberté, j'aime mon pays, ce *noble blessé, qu'on nomme la France.*

Je ne **veux** pas rechercher dans leurs tristes détails les causes de nos désastres; elles sont multiples, et ma main ne saurait sans trembler ou sans frémir tenir l'acier qui devrait sonder nos plaies morales; mais ce qui se dégage de tous les faits, des événements, du langage, des intrigues, de la conduite des partis, c'est que nous avons manqué de cet esprit politique, qui n'est que le bon sens appliqué au gouvernement des hommes. Nous nous sommes trop longtemps laissés décevoir par des chimères, enfants de nos passions ou de nos erreurs; nous avons aimé de trompeuses images, et non la réalité des choses; nous avons négligé le côté sérieux de notre vie publique pour nous en tenir aux futilités brillantes; nous ne nous sommes pas proposé le bien et le juste pour but, ou ayant voulu les atteindre, nous n'avons apporté à leur poursuite ni la constance, ni la résolution, ni la méthode, ni l'esprit de suite nécessaires; nous n'avons eu en vue que nos amours-propres, nos vanités, notre orgueil, nos fantaisies, nos humeurs folles, que nous-mêmes enfin, et non la patrie.

Il a fallu que la France fût étendue presque sans vie, sanglante et mutilée, sous nos regards surpris et hébétés, pour que nous nous disions : « Voilà la France! c'est elle! c'est notre mère! Non, elle ne saurait mourir ! »

L'histoire nous signale ces précepteurs de princes qui, traîtres à leur mandat, infâmes, exploitaient à leur profit les défauts de leurs élèves, flattaient leurs vices, s'étudiaient à développer les mauvaises tendances de leur nature, au lieu de favoriser la croissance de leurs vertus ; eh bien ! n'est-ce pas un peu là ce qu'à des degrés divers ont fait un grand nombre de ceux qui, chez nous, ont charge d'âme. Notre race a de grandes qualités : l'ardeur, la générosité, l'amour de la liberté et de la justice : mais ses défauts ne sont pas moindres ; elle est légère, oublieuse, inconstante, vaniteuse, frivole, facile aux entraînements irréfléchis, fanfarone, vantarde, prompte à se payer de mots, plus intelligente que raisonnable, spirituelle, mais surtout gouailleuse et malicieuse, ne lui en déplaise ; douée d'un bon sens tenace, mais vacillant, comme ces flammes facilement ondoyantes et que rien ne saurait éteindre ; peuple enfant, commençant tout avec ardeur et ne pouvant rien finir, s'irritant volontiers contre son jouet et le brisant s'il prétend trop durer. Ces défauts peuvent entraîner la ruine d'un peuple ; ils le conduisent sûrement sur la pente rapide de la décadence.

Au lieu de les tempérer, de les corriger, gâtés par la prospérité, infidèles à nos devoirs, enivrés de nous-mêmes, nous les avons flattés, favorisés, exploités, et, pendant que, près de nous, un peuple déjà grand, croissait par le travail, la sobriété, l'économie, la science, par l'enseignement et la pratique des arts utiles, et voulait grandir encore, nous, fils des Francs, nous méconnaissions nos ancêtres, nous nous reposions sur nos grandeurs passées, oubliant qu'un peuple qui veut vivre doit valoir par lui même, ne dédaigner aucun genre de gloire, ne rien faire qu'en vue de la Patrie, que ce travail opiniâtre, incessant, des générations successives, peut seul entretenir le feu sacré des nobles passions, engendrer toutes les énergies morales.

Voilà le mal.

Où est le remède?

Que fait le propriétaire dont le domaine comprend des terres bonnes et mauvaises? Il entretient les unes de manière à les rendre toujours fécondes; il s'efforce d'améliorer les autres pour ne pas les laisser absolument improductives; il neutralise par des amendements la malignité du sol. C'est à ce double travail que je provoque les hommes honnêtes de mon temps, que chacun d'eux lui consacre sa plume, sa parole, ses exemples, et la France, notre chère France, est sauvée.

Mais le temps presse; ne laissons pas le mal s'aggraver; rien n'est encore changé aux procédés de démoralisation; les corrupteurs continuent leur œuvre.

Nos maîtres dans le passé, ce ne sont ni les Prussiens, ni les communards; les Prussiens nous ont vaincus, les corrupteurs nous ont livrés; les communards ont chassé de leurs foyers les honnêtes gens; les corrupteurs, depuis longtemps, avaient abaissé les caractères, amolli les courages;

ils nous grisent encore de leurs parfums délétères. Oh ! si nous voulons vivre, retournons aux mâles idées, aux nobles festins de l'esprit ; cessons d'être un assemblage de coteries étroites, sans idées et sans cœur, pour ne former qu'un grand peuple.

« Ne désespérons pas de l'avenir ; mais à la condition que nous aurons du bon sens, du courage, que nous ne nous payerons plus de mots, que nous aurons non-seulement du bon sens, mais le courage du bon sens. »

Ainsi parlait le chef du pouvoir exécutif à la séance du 1er mars.

Ces quelques mots renferment tout un programme.

Ayons du bon sens ; car nos malheurs viennent surtout de la fausse direction des esprits, de l'oblitération des caractères.

Ayons du bon sens ! Quoi ! nous étions tombés à ce point que nous n'avions ni le sens intellectuel, ni le sens moral, et qu'il a fallu que la voix de M. Thiers, conscience de la patrie, se fît entendre pour nous tirer de cette déshonorante léthargie !

Oui, le mal était grand ; il n'est pas un de nous qui n'en ait gémi, pendant les longs mois de deuil que nous avons traversés, aux prises avec la guerre étrangère et la guerre civile.

Ayons du bon sens et sachons reconnaître et

écouter ceux que le bon sens illumine de ses clartés immortelles.

En politique, en administration, en littérature, dans les choses de l'art, ayons du bon sens.

Organisons notre armée, notre système d'enseignement et d'éducation, en leur donnant pour point de départ l'exacte observation de ce qu'ils doivent être et de ce qui leur manque pour remplir le but que leur assignent et le rang que nous devons occuper en Europe, et l'élévation du niveau intellectuel chez le peuple qui nous a si cruellement fait expier notre oubli des vertus civiques.

Laissons la Prusse victorieuse s'enorgueillir de sa suprématie militaire, tout en nous efforçant de la paralyser par nos progrès, nos perfectionnements techniques, notre rigoureuse discipline; mais replaçons-nous d'un bond puissant à la tête des peuples les plus civilisés et les plus libres.

Dans son *Essai sur le despotisme*, œuvre de jeunesse où grondent les révoltes d'un génie précoce et que marque déjà le coup de griffe magistral du lion, Mirabeau, le porte-voix de la Révolution de 1789, Mirabeau, l'incarnation la plus complète des principes immortels qui ont passé par ses lèvres éloquentes avant d'inspirer nos codes et nos institutions politiques, Mirabeau, dont les contemporains ont lâchement laissé insulter les cendres par la *vile multitude* toujours niaisement féroce, dont la postérité oublieuse et ingrate n'a pas songé à consacrer la gloire, Mirabeau, le tribun éloquent, le penseur lumineux, le publiciste hardi qui, debout, sur le seuil du xixe siècle, attend encore sa statue, alors qu'il devrait en avior une dominant tout Paris, comme son génie a dominé toute une grande période historique, Mirabeau a écrit : « Il est évident que l'instruction générale qui fournirait à chacun des principes fixes et raisonnables et deviendrait la boussole invariable de nos jugements, nous apprendrait à assigner *aux noms, aux idées, aux choses*, leur véritable valeur, et que, dorénavant, on n'aurait plus à redouter, pour la tranquillité publique, les illusions qui séduisent encore les hommes après les avoir déjà tant séduits. »

Il a dit ailleurs : « Éclairez les hommes ; vous n'aurez plus d'autre emploi à faire de votre éloquence que celui de vanter leur bonheur. »

Politiques, administrateurs, publicistes, hommes d'Etat qui avez en mains les destinées de la génération à laquelle incombe la glorieuse tâche de relever la Patrie, ayez tous et sans cesse ces paroles présentes à l'esprit, en attendant qu'on les grave pour l'éternité dans le granit du piédestal où nous verrons s'élever un jour, dans sa majesté, un Mirabeau géant, l'image de celui qui résuma les ardeurs généreuses, les entraînements, les passions, les élans sublimes. les bouillonnements orageux, tous les nobles instincts de Raison, de Justice, de Liberté de la Révolution française.

Quand je lis quelques organes de l'opinion publique, quand je les vois discuter avec une ardeur puérile, et, à coup sûr, stérile, non sur le moyen de relever l'âme et le corps de la Patrie, mais sur les prétendues causes de nos désastres, et s'efforcer mutuellement de s'en imputer la responsabilité, je m'inquiète, et je désespère presque, car, après les désastres du champ de bataille, je ne sais rien de plus triste que les divisions et la discorde dans le camp des vaincus.

Tous nous avons été coupables; sachons le reconnaître; au lieu de jeter des regards furieux sur un passé où nous trouverions plus d'erreurs que de crimes, plus de victimes à plaindre que de coupables à blâmer, mesurons fermement et d'un œil sûr l'avenir. Nos désastres sont immenses; soyons forts pour les réparer; humiliés par nos revers, que le sentiment de notre dignité et de nos devoirs nous donne le cœur des héros.

Est-ce donc impossible?

Non.

De quelque côté que je me tourne, ô mes concitoyens, je sens se fortifier et s'accroître mes espérances.

En haut, en bas, à tous les degrés de l'échelle sociale, au sein des vieilles familles dont les noms sont intimement liés à notre histoire nationale, et dont les fils, sur les champs de bataille de la Loire, viennent de se montrer dignes de leurs ancêtres; dans cette bourgeoisie, fille du travail, qui a noblement rempli son devoir et qui est la richesse de l'État ; dans le peuple, honnête et laborieux, qui fait notre force ; partout, enfin, je vois le culte des grands principes que la Révolution française a fait rayonner sur l'Europe ; nous les acceptons, nous les pratiquons tous ; ils sont, depuis près d'un siècle, l'âme de nos institutions et de nos lois ; le Gouvernement de la République, sous la direction de M. Thiers, l'homme d'État éminent qui en a exposé les bienfaits et raconté les gloires dans des livres immortels, les proclame et saurait, au besoin, les défendre ; la liberté, l'ordre, le travail austère, l'économie féconde, vont passer dans nos mœurs.

Défions-nous de ce besoin d'agitation ou plutôt d'inquiétude qui nous fait voir des périls en pleine sécurité, pressentir des orages fantastiques et flairer des conspirations toujours éventées... de journalistes ; détournons-nous des petites questions et des petites gens qui les discutent avec le sérieux de porteurs de reliques ; laissons les politiqueurs sans idées s'éprendre des créations de leur étroite cervelle ; ceux-là ne sont ni de leur pays, ni de leur temps ; ce sont les traînards de tous les âges, sophistes lourdeaux, rhéteurs sans conscience et sans cœur, fléau des peuples ; ils ont perdu la Grèce et Rome, ils nous perdraient si nous n'y prenions gard

N'écoutez pas leurs lamentations ; ce sont des pleureurs à gage.

« Nous ne nous relèverons jamais, disent-ils ; la République est impuissante. Voyez nos divisions, elle s'accroissent. »

Mensonge ! Jamais les partis ne se sont plus rapprochés. Jugez-en par les votes de l'Assemblée nationale où vous voyez les vieux légitimistes, les orléanistes, les républicains modérés, confondus avec les radicaux. En serait-il autrement, qu'il n'y aurait pas lieu de trembler. Quel est donc le parlement où l'on ne compte pas cinq ou six partis qui se disputent la direction des affaires ? N'est-ce pas là une des conséquences forcées du régime parlementaire ?

« M. Thiers, disent-ils encore, s'appuie sur la gauche, et non sur la majorité. » Mais où est la majorité ? Je vois bien une certaine agglomération mobile, incertaine, flottante, qui s'enfle ou diminue, voit fondre ses éléments et en recrute de nouveaux un peu partout, dans tous les rangs, sur tous les bancs, mais je n'aperçois pas de majorité : comment M. Thiers pourrait-il songer à s'appuyer sur une masse aussi ondoyante ! Il fait mieux : il s'appuie sur l'Assemblée nationale !

Mais le silence de Gambetta nous fait peur ; gare au tonnerre ! Eh quoi ! vous êtes tombés à ce point, que des lèvres d'un homme vous faites dépendre les destinées d'un grand pays ! Dites-vous cela sans rougir ?

Mais les finances sont en si triste état ! Qui en doute ? Nous savons tous qu'il y a des ruines à réparer, d'affreux désastres à faire oublier, que le mal est grand. Si la tâche est au-dessus de vos forces, retirez-vous ; faites place à de plus vaillants. Dans ces temps difficiles, ni le pouvoir, ni les fonctions publiques, ni le rôle de conseiller du peuple, n'appartiennent aux poltrons ; c'est d'un cœur intrépide qu'il faut aller au devant des périls ; c'est d'un regard calme et limpide qu'il faut les envisager ; c'est la foi, une foi robuste, ardente, qui seule nous donnera la victoire.

Et nous vaincrons !

Mais, de grâce, ô mes concitoyens, soyez vous-mêmes : sachez oser ; sachez vouloir ; ayez foi en vous, mais en vous seuls. Défiez-vous des partis et de ceux qui parlent ou écrivent en leurs noms ; fuyez les sophistes, méprisez les loustics qui vous font grimacer le rire sur les ruines de la patrie en deuil.

Je demeure non loin de Saint-Cloud, l'antique ville des rois, chère à notre aristocratie bourgeoise et financière, à ce brave peuple qui allait se distraire et se délasser dans son parc, dans ses sombres avenues, sous ses ombrages séculaires des durs labeurs de la semaine, de Saint-Cloud aujourd'hui incendiée, écrasée, détruite : *pendent mœnia* .... et j'entendais l'autre jour la voix des baladins, leur musique débraillée et discordante, les rires de la foule dont ils empochaient l'argent en présence de ces grandes murailles nues, noircies et calcinées, de ces maisons en cendre, et mon cœur se serrait !... Je pensais aux angoisses des familles où la guerre a fait des vides irréparables, à ces héros obscurs qui dorment dans un coin de terre ignoré, enveloppés dans leur uniforme de soldat, comme dans un drapeau. Ah ! si ceux-là nous voient rire, rire bêtement, à quelque pas d'un ennemi qui nous nargue, nous pressure et nous opprime, que doivent-ils penser de nous, que doivent-ils penser d'eux-mêmes ? « Nous étions bien fous de nous dévouer, bien fous de courir à la mort, bien fous de croire à la patrie, à l'honneur. Le martyre, duperie ! La gloire, dérision ! Ceux qui nous survivent, pour qui nous sommes morts se réjouissent dans la honte !

Mais non, ô mes concitoyens, non, vous ne ferez pas rougir nos morts.

Vous voulez une France honnête, glorieuse, une, forte, patiente, courageuse, austère, laborieuse, libre, ayant l'intelligence et l'amour des vertus républicaines ; vous l'aurez.

Aujourd'hui, la France n'est plus un homme, une dynastie, une cour ; la France, c'est vous ; ce que vous serez, elle sera.

Les partis se taisent ; vous avez le champ libre pour construire l'édifice de la souveraineté nationale ; déjà les fondements en sont jetés ; les laisserez-vous se dissoudre inutilement dans le sol ?

Oui, la nation est souveraine, et il n'y a qu'elle ou ses délégués, les élus du suffrage universel, ses représentants à l'Assemblée nationale, qui soit souveraine; elle seule ou ses mandataires peuvent donc exercer le pouvoir; la raison, la logique, l'expérience du passé le proclament.

Timon a écrit :

« Je mets au défi de réintégrer en France une monarchie qui ne donnerait pas le gouvernement des chambres et la liberté de la presse; et je mets au défi une monarchie qui donnerait le parlement et la presse de durer plus de trente-six mois.

L'affaiblissement graduel du second Empire, à partir du jour où il se transforma en gouvernement parlementaire, et sa chute, ont donné raison à Timon.

Il ajoute :

« Il n'y a que la République qui se laisse et se puisse impunément discuter. »

L'avenir prouvera que, cette fois encore, Timon a dit vrai.

Le gouvernement de la nation a déjà fait des prodiges; il a conquis Paris sur la Commune; il a rétabli l'ordre partout; les succès des emprunts publics, si heureusement imaginés et inaugurés par M. Magne, dépassent tout ce qui s'est vu jusqu'à ce jour; la confiance est dans tous les esprits que n'obscurcissent pas des passions ou des intérêts personnels; l'or et l'argent arrivent à flots dans les caisses du Trésor; l'indemnité de guerre est presque à moitié payée. Un gouvernement qui a fait tout cela, ô mes concitoyens, est un gouvernement fort; il a droit à nos respects, à nos sympathies. Or, ce gouvernement, c'est la République, c'est la République qui nous oblige à plus d'initiative, à plus d'énergie, parce qu'elle nous contraint à trouver en nous-mêmes nos propres garanties, et non à les chercher dans l'intérêt d'un homme ou d'une dynastie.

Faisons mentir le mot de César, qui disait des Francs : « Nation incapable de supporter la monarchie, nation incapable d'exercer la République. »

Il nous faut, en même temps, un gouvernement et la liberté; puisque nous ne pouvons avoir ni l'un ni l'autre avec la monarchie qui doit nécessairement ou tuer la liberté ou se laisser égorger par elle, sauvons la République, le seul gouvernement où les intérêts de la Liberté et du pouvoir soient d'accord et solidaires, le seul qui puisse durer.

Haut les cœurs! veillons et voulons !

Vive la France !

Paris. — Typ. A. Parent rue Monsieur le Prince, 31.